Wanignon HOUNKPATIN

GBOTEMI (Détournement de cœur)

Wanignon HOUNKPATIN

GBOTEMI (Détournement de cœur)

Il y a toujours un féticheur pour t'aider à détourner l'amour dans mon pays. Mais le vrai Amour résiste à tout...

Éditions Muse

Imprint
Any brand names and product names mentioned in this book are subject to trademark, brand or patent protection and are trademarks or registered trademarks of their respective holders. The use of brand names, product names, common names, trade names, product descriptions etc. even without a particular marking in this work is in no way to be construed to mean that such names may be regarded as unrestricted in respect of trademark and brand protection legislation and could thus be used by anyone.

Cover image: www.ingimage.com

Publisher:
Éditions Muse
is a trademark of
Dodo Books Indian Ocean Ltd. and OmniScriptum S.R.L publishing group

120 High Road, East Finchley, London, N2 9ED, United Kingdom
Str. Armeneasca 28/1, office 1, Chisinau MD-2012, Republic of Moldova, Europe
Printed at: see last page
ISBN: 978-620-4-97128-5

TABLEAU I : ***(La rentrée des classes à Lycée Amour divin)***

Scène1 : *(en classe)*

(Certains élèves sont déjà en classe ; Florine aussi y est. Wangnignon fait sont entrée, salue les camarades et, lorsqu'il arrive au niveau de Florine, elle le retient.)

Florine : *(lui tenant la main)* Wangnignon assoies-toi ! C'est ici ta place !

Wangnignon : *(il hésite et Florine le tire par la main pour le faire asseoir)* mais ! Laisse –moi au moins le temps de saluer les autres ! *(elle lui lâche la main et il va saluer les autres pour revenir à elle*) et bien ? Que disais-tu ? Que veux-tu ?

Florine : je disais que la place à côté de moi t'est réservée.

Wangnignon : mais, elle est un peu trop reculée ! Je voudrais plutôt une place devant.

Florine : il n'y a plus de place devant. Et même d'ici, on voit très bien.

Wangnignon : Tu veux que je reste à côté de toi ? *(elle fait "oui de tête", avec un visage rendu plus admirable par un sourire)*. Comme tu veux ! *(il s'assoit et quelques instants après un homme entre. On le salut comme on salue les grandes personnes qui entrent dans une salle de classe.)*

L'homme : mettez-vous à l'aise ! Je n'aime pas qu'on se gêne autant pour moi. Chers frères et sœurs, je suis appelé à être votre professeur de… *(il donne sa matière et ses heures de cours avec eux. En ce moment, Florine gêne Wangnignon en le taquinant avec de brefs coups de caresse un peu partout. Toute la classe les remarque déjà.)* Monsieur et Madame derrière *(en désignant du doigt Wangnignon et Florine)* restez tranquilles et cessez de nous distraire ; si non vous allez regagner le dehors. *(Une pause)* mais, on ne dirait pas que vous êtes des élèves de la terminale !

Wangnignon : *(levant son petit doigt.)* s'il vous plait monsieur, j'aimerais changer de place, car elle me gêne trop. *(Toute la classe rigole.)*

Le professeur : il y a une place libre dans l'autre ranger. Vous pouvez la rejoindre. *(Wangnignon rejoint alors la place indiquée).* Alors mes frères nous pouvons êtres de bons amis si seulement vous pouvez être un peu sages et respectant les principes, que j'ai jugés nécessaires pour la bonne marche du travail. Ces principes se basent sur le respect de la liberté de son prochain. Alors, premièrement, lorsque vous êtes en retard, c'est-à-dire si nous avons commencé le cours avant vous, ne cherchez pas à vous montrer. Pour ne pas nous perturber. Deuxièmement, si vous vous trouvez ennuyés par le cours, vous êtes bien libre de sortir, sans perturber les autres. Et, troisièmement, lorsque vous avez envie de sortir ou de parler avec votre proche, vous êtes libre de sortir sans demander permission… *(Quelques questions d'éclaircissement sont posées…)* Bien ! S'il n'y a plus rien à dire nous pouvons nous pouvons dire "à la prochaine". Pour le moment, c'est tout ; nous allons commencer les cours la prochaine fois. *(Le professeur sort et la classe se vide peu à peu pour être complètement vide.)*

Scène2 :

(Laure est assise à table en tain d'étudier. On frappe à la porte.)

Laure : entrez *(la porte s'ouvre sur Florine)* Florine ; c'est toi qui joues encore à l'étranger ? *(Elle se lève pour la saluer.)* Assois-toi ! *(Elle va lui chercher de l'eau)* alors, *(en lui tendant le bol)* quel bon vent t'amène ici ? Je crois que la rentrée t'a été merveilleuse !

Florine : elle ne manque pas de l'être ; mais je ne manque pas de problème.

Laure : quel problème peux-tu déjà avoir en ce début d'année,

Florine : j'ai un problème très grave ; je dirai même un problème sans solution… ce n'est même pas la peine…

Laure : mais non ! Pose-le d'abord ! Il n'y a pas de problème insoluble. Mais ! Tu le sais mieux que moi en tant qu'élève de la série c.

Florine : *(elle hésite un instant)* Laure ; tu connais Wangnignon ? *(Laure fait un "oui de tête")* vraiment, je l'aime.

Laure : *(vivement)* mais où se trouve alors le problème ? Vraiment ; toi, tu as de la chance, je te jure. Ce gars est un bon bonhomme parmi les bonhommes : car je l'ai vu au moins une fois. Il doit être gentil, et sympathique ; ça, tout le monde le dit. Il doit être un…

Florine : *(vivement)* arrête ! ! Je te dis que j'ai un problème et tu commences à raconter des balivernes !

Laure : *(toujours confuse)* mais, où se situe le problème ? Je crois bien qu'aimer un bonhomme beau, convoité par toutes les jeunes filles, n'est pas un problème ! ?

Florine : tu aurais mieux fait de me laisser terminer ma phrase. Je disais que j'aime Wangnignon mais il ne veut pas de moi. Je ne comprends pas.

Laure : et comment procèdes-tu ? Tu l'attends pour qu'il vienne te faire la coure ? Non, ma chère, lorsque tu aimes un gars, c'est toi qui lui fais la coure ; en tant qu'émancipée.

Florine : vraiment, Laure, si tu savais combien je me suis déjà gênée ! J'ai usé de toutes mes forces flatteuses : ma beauté, mon élégance et même ma tendresse, mais il se réserve toujours pour une vilaine fille du lycée la Solidarité. J'ai tout fait ! Vraiment, Laure, aide-moi !

Laure : *(désespérée)* vraiment ! Florine, tu sais, les hommes sont ainsi faits. Quand ils s'accrochent à quelqu'une, difficilement on arrive a les décrocher, pour ne pas dire qu'on n'y arrive jamais. Si toi-même, tu n'arrives pas à le convaincre, tu n'as qu'à l'oublier.

Florine : vraiment, je ne peux pas !

Laure : dans ce cas, ton problème dépasse mes compétences ; car je ne pourrai jamais réussir à convaincre celui que tu n'as pas pu convaincre.

Florine : Laure je ne te demande pas d'aller le convaincre à ma place. Je ne te demande pas d'aller le flatter... Vraiment, je te dis que la flatterie n'est pas une solution à ce problème. *(Un silence)*

Laure : Florine, tu tiens vraiment à lui ; n'est ce pas ?

Florine : oui !!! Je l'aime. *(Un silence)*

Laure : bien ! J'ai trouvé une solution, la seule et meilleure solution à ton problème.

Florine : laquelle ?

Laure : mais, pourquoi es-tu si pressée ? Reposes-toi !

Florine : je t'écoute !

Laure : tu vas utiliser les moyens traditionnels.

Florine : en quoi cela consiste ?

Laure : mais, laisse-moi parler !... nos guérisseurs traditionnels ont la solution à ton problème.

Florine : que dois-je alors faire pour l'avoir ?

Laure : connais-tu le grand Bokonon Gbokou-Gbogan ?

Florine : je ferai tout pour le connaitre ! Que dois-je faire en suite ?

Laure : tu vas le voir et lui poser ton problème. Il te donnera la solution

Florine : alors, je ne vais plus tarder. Je vais vite voir une voisine pour qu'elle m'amène chez le charlatan. Je te remercie beaucoup. A bientôt ! *(Laure la regarde partir. Totalement émue.)*

Laure : *(elle fait une exclamation d'indignation.)* Vraiment on dirait qu'elle pense plus aux hommes qu'à ses études. *(Elle rentre dans sa chambre.)* Je me demande comment elle s'arrange même pour passer en classe supérieure surtout dans une série scientifique comme la C. Heureusement, l'examen du Baccalauréat est bien là pour montrer le vrai visage de chaque belle fille des lycées et collèges.

Scène 3 : *(Gbokou-Gbogan est assit sur un tabouret dans son "atelier". Il fait déjà tard, donc il s'inquiète.)*

Gbokou-Gbogan : mais ? Qu'est ce qui se passe ? Qu'ai-je fait contre les dieux ? *(il se lève et se rapproche de son fétiche. Il prononce les incantations, ramasse les quatre cauris qui se trouvaient devant la statue d'homme assis tailleur et les lance à terre. La statue commence à "parler " :* ***« mon humble serviteur, n'aie crainte de rien ; ne t'inquiète point ! Car je sais très bien ce qu'il te faut. Tu n'as jamais enfreint mes règles. Donc je n'ai aucune raison à te punir »*** *aussitôt que la statue termine son discours, Florine apparaît à l'entrée de la cabane.)*

Gbokou-Gbogan : *(sans faire face à Florine – maintenant toujours sa position face à la statue.)* soyez la bienvenue ! (*Florine sursaute)* non ! *(lui faisant toujours dos)* n'ayez pas peur ! Entrez ! (*elle entre, suffoquée par la peur. Le "charlatan" fait un quart de tour à sa tête)* que puis-je pour vous ?

Florine : je... je...

Gbokou-Gbogan : oh, non ! Ne vous gênez pas ! Agenouillez-vous là *(en lui indiquant une place à sa gauche, devant la statue. Florine s'agenouille en lui faisant* *face.)* Non, pas comme ça. Faites face là bas ! *(en lui indiquant sa droite.)* et touchez le sol avec votre front. *(Elle exécute. Le "charlatan" se lève, va prendre une cigarette d'une boite placée à côté de la statue, la place dans sa bouche grandement ouverte et l'allume. Il revient s'asseoir et prononce quelques incantations.)* Esprits de mort, messagers fidèles entre les dieux et les vivants, je vous implore. Dites-moi ce qui inquiète la jeune fille qui se couvre de sable devant vous ! *(et on entend une voix, qui émane de la bouche de la statue, dire : **« Florine GBETOHO, élève en clase de terminal c au lycée Amour divin n'a aucun problème ; si non elle n'a qu'un semblant de problème. Elle veut tout simplement que Wangnignon GBEKPO, élève dans la même classe qu'elle, l'aime alors que celui-ci aime déjà très bien une autre jeune fille du nom de Virginie GBEDANDE »**)* c'est ça ? *(Florine ne répond que tardivement surprise)*

Florine : exactement ! Je vous en prie, essayez de me faire quelque chose, pour qu'il m'aime en retour !

Gbokou-Gbogan : ma fille ! Je peux bien te faire quelque chose ; mais cela te demande beaucoup de courage et d'habileté. Pourras-tu ?

Florine : oui monsieur.

Gbokou-Gbogan : il s'agira de détourner la conscience de ton ami. Si non il n'y a rien dans ce monde qui puisse l'amener à abandonner, voir haïr, Virginie. Tu le mettras à tes ordres et à tout ce que tu lui demanderas, il répondra toujours "oui" ou "d'accord !" seras-tu assez courageuse pour réussir les jeux ?

Florine : je suis prête à faire tout ce qu'il faut pour qu'il m'appartienne !

Gbokou-Gbogan : alors, commençons vite ! Tu vas appeler tout à l'heure son nom et il te répondra. Ainsi tu pourras lui demander tout ce que tu voudras. *(il prononce quelques incantations.)* ca y est ! Appelle trois fois Wangnignon !

Florine : Wangnignon ! Wangnignon ! Wangnignon ! *(et une voix d'homme – exactement la voix de Wangnignon – répond : "Florine ! Que veux-tu de moi ? Je* *t'écoute !")* je veux que tu m'aime, que tu abandonnes Virginie pour moi. Je veux que tu m'appartiennes. Je t'aime ! *(la voix répond : "d'accord ! D'accord ! D'accord ! ")*

Gbokou-Gbogan : très bien ! Maintenant passons au reste ! *(il prend une petite boite et la lui tend)* tiens ! Ceci est un liquide très puisant pour "posséder" un homme. Demain matin, tu te lèveras tôt et, après la douche, tu passeras ce liquide sur tout ton corps en prenant soin de conserver quelques gouttes dans la boite que tu mettras dans ta poche pour aller à l'école. Tu feras tout pour être là avant lui et lorsqu'il serra là, tu passeras discrètement les doigts de ta main droite dans le reste au moins une minute et au plus trois minutes avant qu'il ne te serre la main. Ceci réduira la distance entre ton ami et toi. *(Florine prend la boite)* si c'était une femme qui ne s'entend plus avec son mari, cela suffirait pour régler la discorde. Mais ton cas est très grave. *(Il prend une autre boite.)* Ceci est une poudre. Avec ceci, tu pourras réduire à néant la distance entre vous. Mais attention, les deux se complètent, et dans l'ordre. Après le premier jeu, tu essayeras de lui mettre neuf pincées de cette poudre dans une nourriture que tu lui offriras.

Floride : mais ! il n'accepte jamais mes cadeaux ; donc ce jeu est impossible.

Gbokou-Gbogan : oh non ! Tu n'as donc pas compris. Avec l'action du liquide, il acceptera un cadeau comme un petit déjeunez pendant la recréation. Mais attention ! Tu ne dois pas gouter au mets dans lequel tu lui auras mis la poudre.

Florine : *(elle prend peur.)* cette… cette poudre, n'est-elle pas mortelle ?

Gbokou-Gbogan : non ma fille. *(Il ouvre la boite et pend une pincée qu'il avale.)* Ton ami ne risque rien d'autre que de devenir ton amant. Tu peux goûter la poudre, mais pas à la nourriture dans laquelle on a déjà mis les neuf pincées.

Florine : *(elle prend la seconde boite.)* bien ! Combien vous dois-je en somme ?

Gbokou-Gbogan : non ma fille ! Je ne prends pas d'argent, car c'est un don de dieu. Seulement tu vas demander l'aide des mânes de nos ancêtres, en jetant quelque chose devant leur représentant. (En désignant du doigt la statue.) Leur aide dépend de ce qu'on leur donne. Pour moi je ne prends rien, sauf si l'on veut me faire un cadeau. Mais surtout après la réussite.

Florine : *(elle se lève après avoir déposé quelques billets devant la statue.)* c'est très gentille ! Je vous remercie beaucoup. *(Elle tend un billet au Bokonon.)* Prenez ceci pour vous mouiller la barbe !

Gbokou-Gbogan : *(prends le billet.)* merci ! Tous les dieux seront avec toi. *(Florine sort. Le Bokonon se lève et ramasse les billets déposés devant la statue après avoir prié les dieux de les lui laisser.)* Ah, que la journée est belle ! Je ne pouvais pas y croire. C'est une fille à papa, surement. Elle veut boire ce qu'elle ne doit pas gouter. Quand elle sera étouffée, elle y renoncera. *(Il sort.)*

Acte 2 : *(le lendemain)*

Scène1 :

(Florine est la première arrivée en classe. Elle s'installe à sa place, sort son cahier et l'ouvre. Chaque fois qu'elle sent quelqu'un arrivé, elle regarde l'entrée. Wangnignon arrive en fin. Elle le remarque et met discrètement sa main droite en poche et la ressort vite. Wangnignon salue les occupants des premières places avant d'arriver au nivaux de Florine. Il lui tend sa main qu'elle saisit très joyeusement.)

Wangnignon : comment ça va ?

Florine : très bien ! *(elle garde sa main pendant quelques instants et Wangnignon se courbe pour lui baiser la joue.)* j'espère que tu resteras à côté de moi aujourd'hui !?

Wangnignon : d'accord ! Mais, il ne faudrait pas qu'on s'empêche de suivre les cours.

Florine : d'accord ! Je resterai très sage aujourd'hui. *(Un professeur entre. On tape et les élèves se lèvent en signe de salutation.)*

Le professeur : bonjour chers amis, chères frères. *(La classe répond "bonjour monsieur".)* Je vous ai appelés amis parce que je crois bien je lis déjà dans vos visages du sérieux et de la sagesse. Je suis appelé à être votre professeur d'éducation physique et sportive au cours de l'année. Vous venez donc le mardi prochain à sept heures avec des coupe-coupe pour nettoyer le terrain. A la prochaine donc !

Un élève : s'il vous plaît monsieur, on serait bien enchanté de connaître votre nom !

Le professeur : bon, bon ! Tout ca à la prochaine. *(Il sort...)*

Scène2 : *(c'est la récréation. Les élèves sortent. Wangnignon veut sortir aussi ; mais Florine le retient.)*

Florine : *(lorsqu'elle reste seul avec Wangnignon)* gnon ! Je t'ai retenu parce que je voudrais te demander quelque chose. Cela te gêne ?

Wangnignon : oh, non ! Je t'écoute.

Florine : je me demande si tu pourras accepter. Je voudrais que tu déjeunes avec moi. Tu veux bien ?

Wangnignon : c'est tout ce que tu veux me demander ?

Florine : tu acceptes ?

Wangnignon : si ce n'est que pour te faire plaisir, pourquoi vais-je refuser ?

Florine : *(émue)* oh ! Que je suis heureuse ! Vraiment... *(Le reste de la phrase se perd dans un sourire narcotique.)* Attends- moi ! Je vais prendre quelque chose à la cantine. *(Elle sort. Wangnignon reste presque immobile à sa place jusqu'à ce qu'elle revienne. Elle revient avec deux plats couverts et un bol. Elle dispose un devant*

Wangnignon et l'autre devant elle-même. Le bol reste entre les plats.) Bon appétit ! *(ils mangent bien et boivent la boisson contenue dans le bol.)*

Wangnignon : c'est vraiment à la cantine que tu as été prendre ce plat ?

Florine : bien sûr ! Mais pour quoi tu demande ca ?

Wangnignon : vraiment c'est très délicieux ! C'est un met que je n'ai jamais pu déceler dans ce lycée. Cela m'a beaucoup fait plaisir.

Florine : tu sais, Wangnignon, je t'aime !

Wangnignon : ainsi que moi ! Je t'adore ! Vraiment... *(Il oublie le reste de sa phrase pour saisie les lèvres que lui tend Florine. Ils se perdent dans cette étreinte pendant quelques instants avant que Florine ne se retire.)* Florine, tu sais ; j'ai remarqué que j'ai un appétit particulier quand je mange avec toi. Tu es sublime ! Tu es adorable ! *(ils s'embrassent brièvement et Florine, après avoir consulté sa montre-bracelet, ramasse rapidement les récipients et sort. Wangnignon sort aussi.)*

Acte3 :

(Wangnignon est devenue l'amant exemplaire de Florine. Une semaine est passée sans que Wangnignon, qui allait presque tous les jours chez Virginie, ne cherche à la revoir. Virginie s'inquiète et cherche à comprendre.)

Scène1 :

(Wangnignon est assis, tenant un roman qu'il semble lire. La porte s'ouvre. Il ôte le regard vers celle-ci et le détourne aussitôt qu'il tombe sur Virginie.)

Virginie : alors Gnon ! Comment ca va ? *(pas de réponse. Wangnignon ne cherche même pas a la regarder.)* Mais Gnon ! *(elle se rapproche d'avantage de lui.)* qu'est ce qui ne va pas ? *(toujours sans réponse et cette fois, il la lorgne violement.)* mais t'ai-je fais quelque chose qui ne te plaise pas ? *(il garde son regard fixé sur les pages de son roman. Virginie cherche à l'embraser, mais il saute rapidement dans un autre fauteuil aussitôt son bras tendu)* nom de dieux ! Quelle faute ai-je commise ? Dis-moi ce que j'ai fais, je t'en prie ! *(en s'agenouillant devant lui.)* dis-moi ce que j'ai fais qui ne t'a pas plu ! Je te promets que je ne vais pas recommencer. Je t'en supplie mon chère Wangnignon. *(Elle commence a couler les larmes.)* Pardonne-moi ! *(elle se rapproche d'avantage.)*

Wangnignon : ne me touche pas !! vilaine ! Disparais de ma vue ! Je ne veux plus te voir, ni te sentir ! Va-t-en !

Virginie : Gnon ! *(les larmes coulent maintenant abondement)*. Pardonnes-moi ; je t'en prie ! Aie pitié de moi ! Je serai malheureuse sans toi. Je ne pourrais plus vivre. Oh Wangnignon ; quel mal t'ai-je fais qui soit aussi grave et impardonnable ? *(elle ne parle plus. Elle ne peut plus parler. Elle sanglote comme un bébé affamé à qui la maman refuse de donner du lait. Et Wangnignon excédé par ses pleurs, la bouscule et l'envoie au dehors et ferme la porte. Il revient s'asseoir et quelques instants plus tard, la serrure de la porte craque)*

Wangnignon : referme-moi cette porte vite ! *(la porte s'ouvre quand même lentement)* tu n'entends pas ? Retourne sur tes pas ! *(la porte s'ouvre totalement et Florine apparaît.)* ah ! C'est toi ?

Florine : mais qu'avais-tu a gueuler ainsi ?

Wangnignon : je croyais que c'était cette vilaine qui est venue m'importuner tout à l'heure qui revenait.

Florine : ah ! Cette vilaine ! Je l'ai rencontrée tout à l'heure à quelques mètres d'ici. Elle ne veut toujours pas te laisser en paix ! Si elle persiste encore, je crois qu'elle m'aura pour son compte !

Wangnignon : non chérie ! Oublie-la ! Je crois bien qu'elle en a eu pour son compte ce soir. Je n'ose pas croire qu'elle osera encore fouler mon planché. Oublie-la et parlons de nous. Tout ce qui importe pour moi, c'est que tu es là.

Florine : tu as raison. Tout ce qui importe est que tu es à moi et je suis à toi.

Wangnignon : alors ; qu'attendons-nous ? Qu'attends-tu pour m'embrasser ? *(Ils s'embrassent, se caressent et puis, bras dessous, bras dessus, ils entrent dans la chambre.)*

Scène2 :

(Brice, le frère de Virginie est à sa table d'étude. Virginie entre, salue brièvement son frère et se dirige vers la porte de sa chambre.)

Brice : Virginie ? *(elle fait volte-face)* qu'est-ce que tu as ?

Virginie : je n'ai rien de grave ! *(elle se retourne et continue.)*

Brice : ce n'est pas vrai ! Virginie reviens ! Je sais très bien que tu as un problème. Mais si tu me dis que tu n'as rien alors tu te moques de moi.

Virginie : *(elle revient à côté de lui)* Brice ! Tu sais, je ne peux jamais vouloir me moquer de toi. Seulement, je suis excédée. Vraiment, si tu savais ce que j'ai comme problème ! *(elle recommence a sangloter)*

Brice : Dis-toi que je le sais bien ! C'est à cause de ton ami… depuis un certains temps, il ne veut plus te voir et il est maintenant, pour ce que je sais, l'amant docile d'une jeune fille de sa classe. Mais, tu ne vas quand même pas mourir à cause de ce petit problème. Même s'il t'abandonnait pour toute sa vie – ce qui ne peut jamais être – tu rencontreras un homme qui t'aimera encore plus. Laisse-moi te dire de prendre ton courage à deux mains et de prier pour qu'il revienne à toi ! Car tu sais autant, et même plus, que moi que rien ne peut éteindre le feu de l'amour.

Virginie : oui mon frère ! Je pouvais encore avoir du courage ; mais… la façon dont-il m'a renvoyé, je vais même dire chassée tout à l'heure… vraiment, c'est horrible. Je ne pouvais pas croire qu'une telle chose pouvait se passer. *(Elle commence à couler les larmes.)* Vraiment, Brice, on dirait que je rêve !

Brice : oui ! C'est vrai que tu rêves. Ce n'est qu'un cauchemar. Je suis sûr que cela n'est pas de sa volonté. Il aurait été, selon les rumeurs, possédé par la fille avec l'aide d'un charlatan, et moi, je crois bien que les rumeurs sont vraies. Car, sincèrement, j'ai confiance en lui. Je sais qu'il ne peut pas t'abandonner ainsi. Patiente-toi un peu et tu verras que les choses reviendront dans l'ordre, car ces genres d'amour, ces amours artificielles ne durent jamais. Pries plutôt pour lui.

Virginie : *(émue)* Brice, on ne peut plus mieux, tu es le frère, dont j'ai besoin pour mieux vivre. Tu trouves toujours de solution à n'importe lequel de mes problèmes. Je ne me crois pas pouvant vivre sans toi. Vraiment je t'aime. *(Ils s'embrassent fraternellement.)*

Brice : *(dans cette étreinte)* je sais que tu es une fille sage et courageuse. Il faut toujours espérer ! *(ils se détachent et se regardent dans les yeux ;)* maintenant, vas te reposer sans souci ! *(elle entre dans sa chambre…)*

Acte 4 :

(Trois moi sont passés et Wangnignon ne revient toujours pas. Virginie maigrit. Tout son entourage - même les observateurs les moins avisés - peut remarquer qu'elle a un problème très grave.)

Scènes1 :

(C'est la recréation, Virginie ne va pas en recréation. aussi son amie Pascaline reste-t-elle en classe avec elle.)

Pascaline : *(quand la classe devient vide)* Virginie ; qu'est-ce que tu as ces temps-ci ? *(silence)* et toi qui étais toujours joyeuse, tu deviens de plus en plus triste ? Dis-moi, as-tu un problème ?

Virginie : Effectivement ; j'ai un grand problème. Mais sincèrement, je n'ose pas en parler. Vraiment, on dirait un problème sans solution.

Pascaline : ce n'ai pas vrai ! Il n'y a pas de problème sans solution. Allons ; pose-moi ton problème.

Virginie : non, Pascaline ! Je n'ai pas envie de poser ce problème, car si je me rappelle encore les faits, je deviendrai encore plus… vraiment, je ne peux pas.

Pascaline : écoute Virginie. Prends ton courage à deux mains et pose ton problème ! Je peux peut-être faire une approche de solution.

Virginie : comment pourrai-je te raconter ? Je ne sais même pas par ou commencer ni ou terminer. Vraiment, je ne peux pas.

Pascaline : commence quand même !

Virginie : *(avec hésitation)* j'ai eu un ami. Nous nous aimions depuis notre enfance au village où j'ai fait avec lui mon cours primaire. Il m'aimait très bien, mais *(elle baisse la tête et commence à couler les larmes. Elle prend un mouchoir, se redresse et essuyant ses yeux.)* Mais,… aujourd'hui… aujourd'hui, il ne veut plus me sentir. Ah ! Quel malheur ! Vraiment, je ne sais pas ce qui lui est passé sur la tête !

Pascaline : Virginie, ne pleure pas ! Ce n'est pas la peine de pleurer à cause d'un homme ingrat. *(Virginie, essuie ses larmes et considère son interlocuteur avec une grande indignation.)* Il vaut mieux te calmer et l'oublier. *(Virginie marque une grande surprise et une grande indignation.)* Tu sais, il n'est pas le seul homme dans ce pays qui peut t'aimer *(Virginie essuie encore ses yeux déjà secs et prête plus d'attention à ce que dit son amie.)* il y a d'autres hommes qui cherchaient et qui cherchent toujours à être aimé. Et toi tu trouveras un autre homme digne.

Virginie : *(elle ne pleure plus)* excuse-moi beaucoup, s'il te plaît ! J'aimerais bien remarquer que tu ne comprends rien de l'amour. Crois-tu que moi je veux vagabonder dans ma vie ? Tous ces hommes, qui font semblant de vouloir m'aimer, ne peuvent jamais m'aimer vraiment comme Wangnignon m'aime. Ils ne sont tous que de "mauvais amants" ; des papillons qui volent de fleur en fleur, sucent le nectar et s'en moquent. Je ne peux pas les aimer comme j'aime Wangnignon, mon amour. Oh Gnon !... Gnon, mon très cher Wangnignon, mes jours et mes nuits, *(elle s'agenouille le regard vers le plafond.)* je t'en prie, reviens ! Reviens à moi ! Cesse d'être esclave ! Je suis toujours prête à te pardonner. Je te supplie ! Reviens ! *(des élèves rentrent dans la salle. Un s'approche d'elle et,)*

L'élève : Virginie ; le proviseur veut te voir dans son bureau avant la fin de la récréation

Virginie : merci ! *(elle se lève et sort.)*

Scène II :

(Le proviseur est à son bureau. On tape à la porte et il ordonne d'entrer. La porte s'ouvre sur virginie.)

Virginie : Bonjour monsieur !

Le proviseur : Mademoiselle GBEDANDE ; je vous ai fait venir ici pour comprendre un peu ce qui se passe avec vous cette année. L'année passée, vous avez été l'une des rares jeunes filles que notre pays cherche. Vous vous êtes distingué parmi tout ce monde d'élève et vous avez été la première de l'établissement. Mais cette année, on ne vous comprend pas. Qu'est-ce que vous avez ?

Virginie : Monsieur le proviseur, je n'ai rien.

Le proviseur : *(Vivement)* Quoi ?? Ne vous moquez pas de moi !

Virginie : *(Toute calme)* je ne me moque pas de vous monsieur. C'est que je n'ai rien.

Le proviseur : *(sur un ton colérique)* Je ne suis quand même pas un bambin. Vous n'avez rien et vous devenez de plus en plus maigre ? Chétive ? Aussi, tous vos professeurs me font-il des rapports sur votre réaction en classe.

Virginie : Excusez-moi, monsieur j'allais dire que je n'ai rien de grave. Car je suis un peu malade.

Le proviseur : *(Ironiquement)* Malade !? De quelle maladie par exemple ?

Virginie : La malaria monsieur.

Le proviseur : Que ce soit effectivement une malaria. Que ce ne soit le fruit de vos petits jeux.

Virginie : Vous parlez de quels jeux monsieur ?

Le proviseur : Je sais bien que vous comprenez très bien. Mais, comme voulez que je vous dise ça, je ne vais pas me faire répéter cette demande. Je voulais parler de vos jeux de concubinage.

Virginie : Si c'était ça, monsieur, je prendrai plus de poids. Car mes parents ne pourront que me chérie si je tombe grosse et vous pouvez être sûr que cela n'entravera pas mes études. Mais dommage je porte toujours mon nom, je suis encore vierge.

Le proviseur : Donc c'est effectivement la malaria ?

Virginie : Oui monsieur.

Le proviseur : mais est-ce cette malaria qui fait que vous avez dégringolée ainsi ?

Virginie : non monsieur. C'est simplement que j'ai pris un mauvais départ. Mai je vous promets de changer le tir et de reprendre ma place.

Le proviseur : j'attends donc le résultat du second trimestre pour en juger.

Virginie : merci monsieur ! *(elle sort ;..)*

Acte V :

(Quatre mois sont passés. Wangnignon ne revient toujours pas de ses rêves. Malgré les conseils de son frère Brice, Virginie reste toujours soucieuse et triste surtout au moment du dîner qu'elle partageait souvent avec son bien-aimé Wangnignon. En présence de tous ses parents qui vraiment avaient appris à aimer ce garçon qu'ils ont trouvé digne de leur confiance.)

Scène unique :

(C'est l'heure du dîner. Virginie et maman disposent les plats, fourchettes, couteaux et mets. Les autres arrivent plus tard et on s'installe. Virginie fait le service a la demande de sa mère. On commence à peine à dîner et,)

Papa : *(contemplant sa fille)* Virginie ! *(tous les regards se détournent des plats et se tournent vers lui.)* dis-moi ce qui te fait de soucis ces temps-ci !

Brice : *(sans laisser le temps à sa sœur)* Papa ; elle n'a rien !

Papa : tais-toi ! Je ne t'ai rien demandé. Qu'est ce que ça veut dire ? Depuis quand es-tu devenus sont porte-parole ?

Virginie : effectivement, je n'ai rien, Papa.

Maman : Mais ! Ton papa n'est un imbécile. Il sait pourquoi il te de mande cela. S'il remarque qu'il y a quelque chose qui manque, n'est-ce son droit et devoir de chercher à comprendre ?

Papa : Virginie ! Ne te fous pas de ma gueule ! Tu deviens de plus en plus triste et maigre, et tu veux nous faire croire que tu n'a rien !?

Virginie : Papa je n'ai rien de grave.

Maman : Tu n'as rien de grave et tu maigris et tu ne mange même plus comme au paravent ? Ou bien tu déjà en ceinte ?

Brice : *(Comme une panthère blessée)* Ah non ! Maman, je ne suis pas d'accord avec toi. Comment peux-tu la soupçonner ainsi ? Il faut que tu saches ceci : Virginie est l'une des rares jeunes filles que cherche notre société. Elle est une fille consciente. Elle ne peut jamais se livrer à une telle chose.

Maman : *(Posément)* Je savais que tu allais réagir ainsi. Mais que veut tu que je dise, si elle ne veut pas nous dire la vérité ?

Brice : *(Calme)* Tu as peut-être raison. Mais on ne doit taquiner ma sœur ainsi.

Papa : Ecoutez ! Ce n'est pas là le problème. J'aimerai vous demander – Virginie et son porte parole – pour quoi Wangnignon ne vient plus ici.

Maman : Ah, oui ! Çà fait déjà quatre mois qu'il n'est plus arrivé, alors qu'il venait presque tout les jours et dînait même avec nous. Qu'est-ce qu'il a ? Est-il malade ?

Brice : C'est maintenant que vous vous êtes engagé sur le droit chemin ! Wangnignon est bien malade, et gravement !

Maman : *(Piquée au vif)* Quoi ?? C'est très grave ? Et c'est maintenant que vous le dite ?

Brice : Et c'est son était qui rende malade ma sœur.

Maman : Oh ; mes pauvres ! Mais pourquoi ne l'avez-vous pas dit plus tôt ?

Brice : Mais maman, la maladie de Wangnignon est très grave et pourtant il ne maigrie pas et n'est pas soucieux comme virginie. Il est gravement malade mais il est joyeux ! Oh, le pauvre ! Il ne distingue pas l'heur du malheur. Il est inconscient de sa maladie.

Maman : Mais ! Qu'est-ce que tu raconte encore ? Tu confonds tout encore !

Brice : *(Toujours posément, avec un ton de pitié)* Je ne confonds rien. Wangnignon n'est pas conscient de sa maladie ; c'est pour quoi il n'est pas encore guéri.

Maman : *(confuse)* Brice ! Que veux-tu dire au juste ?

Brice : Wangnignon a perdu la conscience.

Papa : *(Comme retiré brusquement d'un sommeil)* Quoi ??? Il a perdu la conscience. Mais, sois plus explicite ! Veux-tu dire qu'il est fou ou surmené ?

Brice : Non rien de tout ça !

Papa et maman : *(Vivement)* Et quoi donc ?

Brice : *(Toujours calme)* J'ai dit qu'il a perdu conscience parce qu'il n'est plus maître de ses sentiments. Ses sentiments sont maîtrisés par la force du malin.

Maman : Brice, tu aimes trop le verbiage. Sois précis et concis !

Brice : bien ! Une fille de sa classe a détourné son amour ; et – vraiment le pauvre – il fait aujourd'hui tout ce qu'il n'aimait pas et ma sœur en souffre.

Maman : *(avec un ton chargé de tendresse et de pitié.)* Virginie, ne te fais pas de chagrin ! S'il est vraiment l'homme de ta vie, il reviendra. Il reviendra tôt où tard. Tu n'es pas la première victime de ce détournement. Et c'est bien le moment de prouver sa fidélité à son bien-aimé. Ne te fais pas de soucis ! vis à ton aise et sois fidèle à ton engagement, en espérant son retour. Tôt ou tard, il deviendra conscient, car l'amour crée par artifice périt toujours. Je peux te dire qu'il reviendra dans les jours très proches à venir.

Brice : Maman, tu es une bonne mère ! Tu mérites vraiment d'être notre maman. Tu réfléchis comme une rare femme sage du vingt-unième siècle. *(Papa mange déjà.)*

Maman : tais-toi ! Voyou ! Mangeons maintenant ! Virginie, mange à ton aise ! *(et ils terminent le dîner. Brice et Virginie enlèvent maintenant le couvert. Ils reviennent souhaiter bonne nuit à leurs parents et quittent la salle en se soutenant chaleureusement.)*

Maman : ne vois-tu pas que les enfants s'aiment et se soutiennent mieux que nous ?

Papa : mais à qui la faute ?

Maman : peut-être à toi !

Papa : c'est plutôt à toi !

Maman : a bon ! Comment ?

Papa : mais, montre-toi digne ! *(et ils s'embrassent et s'entraînent dans leur chambre.)*

Acte VI :

(À la fin du cinquième mois, Wangnignon devient conscient et se souvient de Virginie et de toutes les erreurs qu'il faisait. Il va chercher donc à implorer le pardon de sa bien-aimée pour qu'ils se réconcilient.)

Scène I : *(Wangnignon revient de l'école. Il entre dans son salon. Il allait le traverser et entrer dans sa chambre pour se déshabiller, mais il s'arrête subitement à quelques pas de la porte, comme si quelqu'un l'a interpelé. Il fait quelques instants debout sans rien dire, puis continue sa marche, s'arrête encore à la porte et finit par entrer. Il en ressort aussitôt, torse nu, portant toujours le pantalon de son uniforme scolaire.)*

Wangnignon :*(en sortant, furieux, de la chambre)* Mais ! Ce n'est pas vrai !ça fait déjà cinq mois que je n'ai plus vu virginie. Non ! Ce n'est pas vrai ! *(il lève le regard et voit des photographies soit de Floriane seule, soit de Floriane et lui assis, debout ou accroupis, s'embrassant.)*Ah ! Quelle erreur ! Qu'et-ce qu'elle m'a fait cette vilaine fille. *(Il se dirige vers les photos, les arraches nerveusement en les déchirant aussitôt arrachées.)* Non ! C'est incroyable. Comment ai-je fait tout ça ? Je me demande si c'est moi-même qui ai fait cela. Ah, non ! Ce n'est pas moi. Mais qu'est ce qu'elle m'a fait ? Comment a-t-elle pu m'amener à faire ce que je n'aime pas faire ? *(Un silence)* Ah ! Quelle misère ! Quel malheur ! *(Un silence)* si seulement virginie pourra me pardonner ! Non !... elle ne peut plus. Je l'ai trop maltraitée …

Ah ! Je me rappelle que je l'avais bousculée lorsqu'elle était venue implorer mon pardon alors qu'elle n'était pas en erreur ! *(Un silence)* je n'étais pas conscient de ce que je faisais. Cette vilaine m'a fait quelque chose qui m'a rendu inconsciemment fou d'elle. *(Un silence)* Ah ! Quelle erreur ! Jai péché contre ma propre nature et contre Brice qui m'aime comme un frère, en dehors de virginie ma bien-aimée et ses parents qui me considèrent comme leur fils.

Mais ; maintenant que je me suis retrouvé, il faut que je fasse, même l'impossible pour recevoir leur pardon. Il faut absolument que je lui demande pardon, car sans elle, ma vie ne pourrait avoir de sens. Ah, quel malheur ! Si, seulement, elle peut me pardonner … *(La porte s'ouvre et Florine apparaît)* retourne sur tes pas ! vite ! Ne fais même plus un pas en avant ! Si non, scandale !

Florine : Mais ! Qu'est ce que tu as encore chéri ?

Wangnignon : *(Les yeux rouges de colère)* ça va ! Sors ! Evite le scandale ! Je te préviens.

Florine : Mais gnon, tu ne me reconnais plus ?

Wangnignon : *(toujours colériques)* va au diable ! vilaine poufiasse. Disparais de ma vue ! Sors vite avant que je ne me lève !

Florine : *(Elle ne sorts toujours pas)* Elle est encore venue t'embêter ?

Wangnignon : Mais ! *(Il se lève vivement.)* Ecoute, je n'aime pas lever la main sur une femme ; mais, tu débordes. Sors ! *(Il marche vigoureusement sur elle et la bascule dehors)* sale fantôme ! *(Il ferme la porte à clé et rentre dans sa chambre.)*

Scène II : *(Virginie est assise au salon entrain de se divertir. Brice entre, l'air joyeux.)*

Brice : Alors, Virginie ! Comment ça va ?

Virginie : Je me débrouille pour que ça aille !

Brice : Ne te plaints plus !

Je te disais toujours de prendre courage, car, un jour, tout reviendra à la normal. Je te disais que nul ne peut changer la trajectoire du feu sacré de l'amour.

Virginie : Brice ! *(Elle s'agite)* Parle-moi vite ! Parle-moi de gnon ! Qu'est ce qu'il t'a dit ? Il veut que je vienne ?

Brice : Pourquoi es-tu si pressée ? Patiente-toi ! *(Il s'assoit près d'elle)* Tout à l'heure en revenant de la faculté,

Wangnignon m'a vu, il m'a interpelé et a couru pour me rattraper.

Il m'a trop présenté d'excuses et il m'a supplié de te dire qu'il te demande pardon et qu'il veut te revoir, mais qu'il a peur que tu ne lui pardonnes plus.

Virginie : Et qu'est-ce que tu as dit ! Que je l'attends toujours ? Oh Dieu merci ! *(Brice la regarde comme étonné)* Mais, que lui as-tu dit ?

Brice : *(Posément)* Moi, je lui ai dit simplement de venir te voir ce soir pour remettre les pendules à l'heure, si possible.

Je lui ai aussi dit que tu es encore disponible à le recevoir.

Et, vraiment il était très content. Il voulait même venir avec moi, mais je lui demande d'aller d'abord changer son look.

Virginie : *(comblée de joie)* Ah ! Voila ! L'heure tant attendue est arrivée. Gnon revient à moi ! Ah, que je suis heureuse !

Brice : Eh ! Virginie, ne perdons pas de temps ! Il ne va plus tarder à revenir, car il avait couru à grandes enjambées.

Garde-toi de lui montrer de la faiblesse ! Il faudra que tu lui fasses un peu la tête ; si non, tu seras comme mendiante de son amour. Je vais me changer. Bonne réception ! *(il entre dans sa chambre.)*

Virginie : vraiment, Brice a raison. Il faut que je range, superficiellement au moins, mes sentiments de joie et de bonheur.

(On tape à la porte) Entre ! *(Wangnignon entre, essoufflé. Elle lui jette un bref coup d'œil et se détourne de lui, lui faisant dos).*

Wangnignon : *(Sur un ton de supplication)* Virginie, pardonne-moi ! Je t'en supplie. *(Virginie le lorgne)* Virginie ; tu as raison. Je t'ai fait beaucoup de tort, je sais que c'est difficile, mais il faut que tu me pardonne. Car sans toi, je ne pourrai plus vivre. Excuse-moi. Je n'étais conscient de ce que je faisais. Virginie !... *(Son ton de malheur et de sa supplication devient tellement grave et il s'en va même s'agenouiller devant elle, mais Virginie ne le laisse pas aller au bout de son action. A peine ses genoux frôlent le sol qu'elle sursaute pour le retenir.)*

Virginie : Non ! *(Au même moment que le sursaut. Elle le relève)* Gnon ; tu n'as rien fait, sciemment, qui puisse me déplaire, seulement, je dois te dire de te méfier des cadeaux de tes copine et même copains, de classe. Car j'ai appris que c'est dans ces petits cadeaux qu'elles introduisent les produits narcotiques pour vous détourner. Comme je te le disais depuis notre enfance, réserve un peu ta sympathie ! Je t'aime toujours comme auparavant. *(Et ils s'embrassent en répétant en échos ''je t'aime ; je t'aime toujours''... Dans cet emportement, ils entrent dans la chambre de Virginie.)*

ACTE VII :

(Un mois après la réconciliation.

Le sentiment de leur réconciliation les avait conduits en erreur.

Ce jour même, Virginie avait perdu sa virginité et le sang qui avait coulé me représentait rien comparé aux brèches qui se recollaient.)

Scène I :*(Virginie est assise à table, avec, devant elle, un plat très appétissant, et pourtant elle ne semble pas vouloir manger. Elle goûte et dépose la fourchette. Quelques minutes après sa mère sort de sa chambre.)*

Maman : *(S'approchant d'elle)* Virginie ! Qu'est-ce que tu as ?

Et tu ne manges même pas ? …La nourriture n'est-elle pas bonnes ?

Virginie : *(Doucement)* si ! Elle est très bonne. Seulement, je n'ai pas envie de manger.

Maman : n'as-tu pas faim restée à jeun depuis le matin ?

Virginie : exactement maman ! Je n'ai pas faim.

Maman : ce n'est pas vrai ?... ou bien tu es malade ?

Virginie : peut-être que c'est ça, puisque je sens de brefs maux de ventre.

Maman : *(étonnée)* des maux de ventre !? Des maux de ventre chez ma fille de ton âge,… ça laisse à désirer. *(Un silence)* Bien ! Je vais appeler le docteur. *(Elle se rapproche du téléphone pour appeler le docteur. Virginie devient plus soucieuse. Quelques minutes plus tard maman revient.)* Le docteur sera là dans quelques minutes. Mais avant, dis-moi ! Depuis quand as-tu fait ta dernière menstruation?

Virginie : ça fait exactement trente neuf jours …mais ! Maman, cela ne veut pas dire que je suis déjà grosse ! Car mon plus cycle compte quatre et un jour.

Maman : je ne m'en disconviens pas ! Mais, cela ne veut pas, non plus, dire que tu n'es pas encore grosse, car ton plus long court cycle compte vingt-cinq jours. Et je ne t'ai jamais soupçonnée d'être grosse. Et en voilà une belle manière de dit à ta chère maman que tu as déjà perdue ta virginité et depuis quand ça ? *(La porte craque et elles dirigent leurs regards vers la porte d'entrée. Le docteur entre)* et voilà le docteur.

Ah ! Je vois, la réconciliation avec Wangnignon, il y a quatre semaines *(Virginie fait timidement oui de la tête).* Voilà bien ce que cette pute a fait de notre chaste Wangnignon.

Le docteur : *(Une jeune femme portant une mallette à la main. Elle s'approche)* Bonjour Maman !

Maman : Bonjours mon docteur !

Le docteur : que puis-je pour vous ?

Maman : c'est à propos de ton amie Virginie. Elle dit qu'elle a des maux de ventre et elle n'arrive plus à manger.

Le docteur : *(s'approche de Virginie)* Bonjours Virginie ! Qu'est-ce que tu as et tu ne peux plus manger ? *(Elle ouvre sa mallette, prend ses instruments pour faire les premiers tests, après quoi, elle se lève.)* Virginie ; depuis quand as-tu fait tes dernières règles ?

Virginie : depuis trente neuf jours !

Le docteur : *(Après un bref étonnement)* Et la période de ton cycle ?

Virginie : vingt cinq jours pour le plus court et quarante-et-un jours pour le plus long.

Le docteur : allons dans ta chambre, *(elles disparaissent en entrant dans la chambre. Maman reste assise dans son fauteuil, la pensée ailleurs. Quelques minutes plus tard, Virginie et le docteur reviennent. Virginie semble être très fatiguée. Elles s'asseyent aux côtés de Maman.)*

Le docteur : maman ! *(posément)* Virginie est en état

Maman ; *(piquée au vif)* quoi ??? Virginie est grosse ? Comment as-tu pu me faire ça ??? Virginie !!! Et si ton père apprend cela ? *(Elle se calme)* vraiment, tu me fais honte Virginie. Oh !... Quels drôles d'enfants, les enfants d'aujourd'hui ! Oh !pitié !...

Que doit-on faire à un enfant pour qu'il évite les erreurs, que nous ne te faisons pas ? Oh!...

Le docteur : maman, calmez-vous. Ne criez plus ! Ce n'est pas la peine. Vous allez cous créer d'autres problèmes plus graves. Surtout ne perdez pas de vue que vous êtes cardiaque. Par ailleurs, Virginie a besoin de repos. Laissez-le aller se coucher !...

Maman : vraiment, tu as raison, ma fille, mais... *(Elle laisse sa phrase inachevée.)*

Le docteur : (*Elle griffonne rapidement quelques choses sur un papier.)* Maman ; je vais demander à partir. *(Elle tend la feuille de papier à la mère de Virginie.*) Voici l'ordonnance. Je ne vais plus tarder. J'ai confiance en vous. Qu'elle se repose bien ! *(Elle se lève)* A bientôt ! J'allais oublier occupez-vous bien de votre fille! C'est l'une des meilleurs de votre aire. Elle m'a confessé qu'elle ne l'a fait qu'une seule fois et le jour de la réconciliation avec son éternel petit ami que vous connaissez. *(Elle sort)*

Maman : Virginie ! Maintenant, il faut que tu parles. Qu'est ce que tu veux faire de ta grossesse?

Virginie : *(A la vitesse d'une tortue fatiguée)* maman ; je ne sais pas ce que le destin me réserve, ou nous réserve. Peut-être que c'est ma seule chance.

Maman : Ecoute ! Ne me fais pas perdre tout le temps ! J'ai d'autres chats à fouetter. Tu sais bien que j'allais justement sortir !? Réponds à ma question, pour que je sache quoi faire!

Virginie : je pense qu'il vaut mieux que je la garde.

Maman : très bien. Je serais horrifiée de t'entendre proposer d'avorter. Je ne dois plus tarder. Repose-toi bien! *(Elle se lève et prend son sac)* A tout à l'heure ! *(Elle sort et Virginie entre dans sa chambre.)* J'oubliais, sache que je n'ai rien aucun grief contre toi, encore moins contre ton ami. Rien n'est de votre faute. Tout est de cette fille de diable qui s'est acharnée contre vous. Maintenant, vous devez penser pour l'honneur de votre famille passer au mariage, nous en reparlerons ce soir avec ton père.

Scène II : *Chez Virginie (papa et maman sortent de la chambre et vont s'asseoir dans des fauteuils du salon.)*

Maman : N'as-tu pas fait une remarque sur l'état de ta fille ces temps-ci ?

Papa : Si ! J'ai remarqué qu'elle ne mange plus bien comme au paravent. Est-elle malade ?

Maman : ç'aurait été mieux ! Si elle était simplement malade, ce serait un problème banal. Elle est plus malade,…

Papa : *(L'interrompant)* Mais, qu'est-ce qu'il y a de grave alors ? N'est-ce pas toujours à cause de son Wangnignon ?

Maman : ç'aurait été encore mieux !

Papa ; mais quoi donc ? Parle ! Ne perdons pas de temps ! je dois encore travailler avant de me coucher. Et il fait déjà tard!

Maman : *(Aisément)* tu sais, Virginie est en état de grossesse

Papa : *(piqué au vif)* quoi ??? Ce n'est pas vrai ! Virginie est grosse ??? *(Un court silence)* Mais, qu'est-ce qu'elle me reproche cette fille ???

Maman : Mais qu'est-ce que tu racontes ?

Papa : je ne raconte rien ! Si elle ne me reproche rien, comment.. Mais comment peut-elle tomber grosse en classe de première? Oh ! Quelle misère ! Oh, mon Dieu, qu'as-tu voulu faire de moi ? Et pourtant …pourtant, je croyais jouer assez bien mon rôle de père à ses côtés… Comment peut-elle oser me faire ça ? *(Il devient de plus en plus rouge.)* Mais,… vraiment… Virginie !...Virginie ! *(Virginie réponds et sort de sa chambre, l'air fatigué, Elle salue son père) Assoie-toi là!)* Virginie !... Virginie, dis moi aisément ce que tu as à me reprocher ! Je voulais toujours être un bon père exemplaire pour toi.

Je t'en prie, dis-moi mes défauts. *(Un silence)*

Virginie : Papa ; sincèrement, tu as été et tu l'es encore, un très bon père, le meilleur pour moi. Tu me donnes tout ce qu'il faut pour moi une bonne vie. Vraiment, je n'ai rien à reprocher à aucun d'entre vous, maman et toi.

Papa : *(Toujours rouge)* Mais ! Comment m'as-tu pu faire ça ?

Pourquoi m'as –tu fais ça? Alors que je te donnais toujours des conseils... d'ailleurs, qui est celui qui a osé te faire ça? Il ne me connaît pas, je crois. Va me le chercher immédiatement ! Il saura de quels bois je me chauffe. Il goûter à ma bile...

Maman : non ! Ce n'est pas une bonne manière. Tu as raison de t'affoler à cause de l'état de ta fille. Mais, c'est déborder le vase que de chercher à faire quelque chose, comme châtiment, contre l'homme qui a mis ta fille en état de grossesse. Si Virginie n'avait pas accepté, il ne lui aurait pas fait ça ! *(seuls les vols des moustiques donnent un son dans le bâtiment pendant quelques instants)*

Papa : Vraiment ; tu as raison. Seulement, je suis très choqué par l'état de Virginie *(un silence)* Virginie, dis-moi au moins celui qui est l'auteur de ta grossesse.

Virginie : *(Après une hésitation)* papa, c'est Wangnignon.

Papa : *(vivement)* quoi ??? C'est Wangnignon ! Mais vous êtes tous fous et inconscients ! *(un silence)* Et pourtant, je vous donnais, ici même, les conseils nécessaires pour éviter une grossesse prématurée ! Mais, tu vois maintenant ce que je disais, rose ? Quand je parlais, j'étais demandé ; j'avais toujours tort. Raisonnez maintenant ?

Virginie : Papa ! Tu nous donnes tous les conseils nécessaires et nous les suivons très bien. Mais, vraiment, je ne peux même pas arriver à expliquer comment ce sont passées les choses. *(Son père et sa mère prêtent attentivement oreilles)*. Je savais très bien que j'étais en période féconde ; mais, je ne savais pas comme nous étions allés jusqu'au rapport. Et d'ailleurs, Wangnignon préconisait l'abstinence jusqu'à notre mariage. Mais … c'était le jour de notre réconciliation…

Papa : *(L'interrompant vivement)* Mais ! Qu'est-ce qu'elle raconte si allègement ? Ne vois-tu pas combien c'est humiliant de voir ma seule fille, pourquoi je me bats tout temps pour qu'elle soit la mieux éduquée, grosse prématurément ? Ne vois-tu pas que tu as ainsi gâché ta vie ? Vraiment ? Tu me fais honte. Pourquoi as-tu voulu me faire ce mal ? Pourquoi ??

Maman ; mais, il faut comprendre ce qu'elle dit ! Elle n'a jamais voulu faire ça. Ainsi que son ami. C'est un incendie de l'Amour.

Papa : *(après quelques minutes de réflexions).* C'est vrai ! Mais que faut-il faire maintenant ? *(Il jette un coup d'œil à sa montre bracelet.)* Vraiment ; il faut déjà trop tard, alors que j'ai encore beaucoup à faire avant de me coucher… je suis désolé ; je ne peux plus discuter. Je dois prendre congé de vous. Demain soir, nous allons discuter du reste. Virginie ; repose-toi bien ! Je ne peux jamais te haïr. *(Il se lève.)* Dormez bien ! *(maman et Virginie répondent et il rentre dans son bureau).*

Maman : Virginie, ne te fais pas de souci ! Nous allons œuvrer pour que tu fasses une bonne vie. Repose-toi bien ! A demain !

(Elle se lève et Virginie fait de même, puis elles rentrent dans leurs chambres respectives.)

ACTE VIII :

Scène Unique : *(Wangnignon s'apprête à sortir, quand la porte s'ouvre sur Virginie)*

Wangnignon : Virginie !? Oh ma chère Virginie ! Vraiment, tous les dieux sont pour notre union. Nous sommes unis par la nature et par Dieu-lui-même. Je m'apprêtais juste à aller chez toi- *(il se dirige vers son petit garde-manger)* je n'ai plus besoin de te rappeler que tu es chez toi, hein !? *(Virginie s'installe dans le salon* *et il revient avec une bouteille et deux verres à boire. Il les dispose sur la table et s'assied)* Mais ! Virginie, tu m'as l'air fatigué et soucieux. Comment ? Ça ne va pas ?

Virginie : vraiment… je n'aimerais pas dire que ça ne va pas.

Wangnignon : se rapprochent d'elle davantage et la serrant contre lui) allons ma chère ! Dis-moi e qui ne va pas !

Virginie : je ne sais pas si c'est une bonne ou une mauvaise chance… nous avons le ''fruit de la passion'' *(Wangnignon s'inquiète un peu)* tu sais, notre jeu de la fois passée à donner un fruit.

Wangnignon : Mais ! Qu'est-ce que tu veux dire… voyons, sois plus claire et précise.

Virginie : je suis enceinte

Wangnignon : *(vivement)* quoi ??? *(S'écartant d'elle)*. Tu es enceinte. Et tu veux me faire croire que je suis l'auteur de ta grossesse ? Non je ne crois pas ! *(Il hausse la voix)* Non ! Je ne suis pas l'auteur de ton état *(Virginie le regarde, hébétée)* vilaine sorcière, ôte-toi de ma vue ! Tu crois pouvoir me faire porter cette vilaine charge. Tu ne peux pas !

Virginie : *(faisant appel à toutes ses forces)* oh, Dieu ! Comment as-tu crée les hommes ? Ah ! Gnon ! Je n'arrive pas à croire que c'est toi qui dis cela aujourd'hui. Veux-tu me faire croire que tu n'avais jamais eu confiance en moi ? *(Elle commence à couler des larmes)* Depuis que je t'ai connu et même avant, je n'ai connu autre ami-homme… Dire que tu me traite ainsi, alors qu'il y a quatre semaines chez moi tu m'as divergé. Vraiment, j'ai effectivement gâché ma vie pour rien. Oh ! Mon Dieu ! Autant mourir !

Wangnignon : Excuse-moi ! *(se rapprochant d'elle)* vraiment, j'ai toujours eu confiance en toi … Mais … tu sais… Tu es, toi-même, la cause de ton état. Car je déteste toujours le rapport sexuel avant le mariage. Je ne sais même pas comment j'ai pu le faire. Vraiment tu m'avais violé.

Virginie : *(elle rigole un peu)* malheureusement que je ne me sens pas dans mon bain pour rigoler. Depuis quand la femme viole l'homme ?

Wangnignon : n'ai-je pas raison ? Lorsque tu m'as amené à faire ce que je ne voulais pas faire, que veux-tu que je dise.

Virginie : Tu as peut-être raison. Mais, permets moi de dire que la faute est au destin, puisque, je n'ai jamais voulu faire cela ! *(un court silence)* cela n'est même pas important. La question qu'il faut se poser à présent, c'est que faut-il faire maintenant ?

Wangnignon : oui ! Qu'est-ce qu'il faut faire ? Ça fait a peine un mois ; donc il n'est pas encore tard de la sauter.

Virginie : quoi ??? Tu oses me parler d'avortement ? Ne connais-tu pas les risques que cela comporte ?

Wangnignon : je vais trouver un docteur très compétent. Tu ne risqueras rien.

Virginie : supposons que cela se passe sans danger ; ne vois tu pas que nous ne devons pas faire ça en tant que fils conscients de Dieu ?... Ce sera un grand péché impardonnable, car nous allons ainsi tuer un enfant.

Wangnignon : Virginie ! Voyons ; ne faisons pas de morales inutiles. Range tes idées de croyant et voyons les choses en face ! Nous n'avons que l'avortement comme solution.

Virginie : tu as peut-être raison. Mais, on ne sait peut-être notre destin… oui, c'est ça, si non qu'est-ce qui pouvait nous amener à faire cette bêtise ? Mais nous sommes encore élèves et je n'ai qu'une maigre ressource ; comment pourrons-nous élever cet enfant ?

Virginie : nous allons nous débrouiller.

Wangnignon : *(désespéré)* Ah ! Quel gâchis ! Vraiment, ma vie devient un drôle de non-sens. Ah ! Mon Dieu ! Je n'ai jamais rêvé devenir un père à dix sept ans. Vraiment, je ne peux plus vivre

Virginie : *(l'embrassant)* gnon ! Nous allons encore bien vivre ! Ta vie n'est pas encore gâchée ; même pas la mienne. Ne te fais pas de chagrin ! Oublie tout ça et continue à étudier ! Dans moins de deux mois, tu auras BAC à passer et tu réussiras au nom de Dieu ! Quant à moi, je me débrouillerai pour ne pas perdre cette année… En tout cas, je me débrouillerai pour continuer mes études après la naissance de cet enfant *(ils se serrent fermement.)* Je sais que tu es plus courageux que ça. Ne te fais pas de souci pour moi ! Je me débrouillerai pour bien élever cet enfant. Les parents nous soutiennent, tu sais ?

Wangnignon : *(ému)* vraiment, tu es une femme hors du commun. (*Ils se serrent davantage)* je t'aime toujours et encore plus fort ! *(et les lèvres se rencontrent une fois, deux fois et ils se perdent quelques minutes dans cette étreinte avant que Virginie se retire doucement.)*

Virginie : Gnon ! Il faut maintenant que je rentre. *(Elle se lève et Wangnignon fait de même)* non ne te gêne pas ! Repose-toi ! Et continue tes études sans souci ! A bien tôt ! *(Elle sort et Wangnignon revient s'asseoir après l'avoir regardée s'éloigner. Il dépose lourdement sa tête dans une main)*

Wangnignon : Vraiment ! L'homme propose et Dieu dispose ! Ça ; c'est incontestable *(un silence)* Moi qui rêvais être un homme à la hauteur de tous les autres, me voici aujourd'hui père d'un enfant à 18 ans, pendant que je suis encore élève. Vraiment, que Dieu est méchant ! Que Dieu est odieux en me faisant cela ! *(il se perd dans une réflexion septique pendant quelques minutes puis)* En fait ; que puis-je dire à mes parents qui sont au village et ne cessent, probablement, jamais de prier pour leur unique fils ?... Seul Dieu peut être le chasse-mouche d'un animal dépourvu de queue. *(Il se lève lourdement et entre en titubant dans sa chambre.)*

ACTE IX

Scène I *(Wangnignon prépare son dîner on tape à la porte d'entée. Il ordonne d'entrer et la porte s'ouvre.)*

Wangnignon : *(En retournant la face à l'entrée : étonnement)* Mais ! Florine, que cherches-tu encore chez moi ? *(Nouvel étonnement : un homme et une femme, d'environ 45 ans suivent Florine.)* Ce n'est pas vrai ! Que cherches-tu chez moi ?

L'homme : jeune homme ; ne te fais pas de tracté ! Nous ne sommes que des hommes comme toi. Nous ne sommes ni de la police ; ni de la brigade. Il suffira que tu sois un peu courtois et nous allons discuter et conclure les choses à l'amiable.

La femme : Mais, jeune homme ! Permets-nous de nous asseoir tout au moins !

Wangnignon : pas question ! Retournez sur vos pas et collez-moi la paix.

L'homme : Il arrive de devenir peu poli lorsqu'on est paniqué. Mais soyez un tout petit courtois !

Wangnignon : D'accord ! Excusez-moi pour le manque d'égard ! Assoyez-vous donc, si vous le voulez bien. *(Ils s'installent au salon du living. Wangnignon s'installe aussi dans un fauteuil en face)*. Et maintenant, quel est l'objet de votre visite ?

L'homme : Alors, jeune homme, répondez aux questions que je m'en vais vous poser ! Connaissez-vous, oui ou non, mademoiselle Florine GBETOHO ci présente?

Wangnignon : *(en le fixant méchamment)* en qualité de qui ; avez-vous le droit de me contraindre à un interrogatoire?

L'homme : oh ! Jeune homme ! Vous m'excusez ! Je dois reconnaître que vous connaissez quelques notions de droit et de justice. Pour lever vos inquiétudes, je dis ceci, elle c'est Mme GBETOHO et moi M. GBETOHO. Il n'y a pas de drame. Sauf si vous en causez. Ce n'est pas un interrogatoire de police, ni du tribunal. C'est simplement pour savoir si notre fille Florine dit la vérité ou pas. Alors, voulez-vous répondre à mes questions ?

Wangnignon : comme cela a une si grande importance pour vous, je suis à votre disposition.

M.GBETOHO : très bien ! Répondez alors à la première !

Wangnignon : Florine GBETOHO est élève dans la même établissement et la même classe que moi.

Mme. GBETOHO : tu la connais très bien ?

Wangnignon : Que voulez-vous dire par ''connaître très bien'' ?

M.GBETOHO : Ecoutez ! Ne literons pas inutilement ! Elle veut te demander si tu as eu des rapports intimes avec elle.

Wangnignon : Oui ! Pour répondre comme vous voulez.

Mme. GBETOHO : et voilà que ton amie est grosse

Wangnignon : et si elle est grosse ? Où est le problème ?

Mme. GBETOHO : *(Avec nervosité)* tu te moques même de nous ! Tu as mis ma fille en état de grossesse et, tu tiens ce vilain langage ? *(s'adressant à sa fille en lui donnant un coup dans le dos)* Et c'est ce vilain mal éduqué que tu as trouvé dans tout ce lot de jeunes hommes ?

Wangnignon : *(dans un ton moqueur)* je croyais que vous savez mener à bout un interrogatoire. Maintenant que vous êtes satisfaire, vous voudrez bien me laisser préparer mon dîner.

M. GBETOHO : Mon cher ; je ne suis pas un homme violant. Je suis très compréhensif. Je t'avais déjà expliqué que je ne suis pas venue ici pour te menacer. Je veux simplement que nous nous comprenions et nous nous entendions. Rien ne me gêne à garder mon petit fils- ou petite fille-avec moi. Mais je voudrais simplement connaître le père de cet enfant.

Wangnignon : et vous vous croyez connaissant déjà celui que vous appelez ‘’le père de votre petit enfant’’ ? Retenez ceci : vous faite fausse route !

Mme GBETOHO : *(vigoureusement et toujours avec nervosité)* Que voulez-vous dire ?

Wangnignon : *(toujours calme)* Mon française est pourtant trop simple et trop claire pour ne pas être compris.je veux vous dire simplement que vous ne savez pas encore ce qui se cache derrière la vilaine tête de votre fille.

Mme GBETOHO : Vraiment ? *(s'adressant à sa fille)* Florine ! Dis-moi la vérité. J'aime tout sauf la honte. As-tu connu un autre homme en dehors de celui-ci ?

Florine : *(timidement)* non, maman ! C'est lui seul que j'ai connu, que j'ai aimé, que dis-je ? que j'aime

Wangnignon : *(Avec un timbre d'indignation dans la voix)*. Aimé !?! Vraiment ; sincèrement, vous m'indisposez ; surtout cette vilaine de Florine. Maintenant, vous allez bien vouloir me laisser continuer mon ménage pour pouvoir faires mes exercices. *(Il se lève, va leur ouvrir la porte et leur montre le chemin de sortir. Mme GBETOHO se lève et tient la main de sa fille et monsieur GBETOHO se lève en suite et ils se dirigent vers la sortir.)*

M.GBETOHO : *(Avant de sortir)* jeune homme ! Tu t'es assez farouchement moqué de nous maintenant. Nous autres nous avons une manière très douce de nous moquer des gens. *(Et ils sortent et Wangnignon ferme la porte et revient à ses occupations.)*

Scène II : *(Wangnignon, de retour de l'école, ouvre la porte d'entrée dans on living, ramasse un bout de papier. Il va déposer d'abord le papier sur la table de son petit bureau, entre dans sa chambre pour changer le look. Il revient s'asseoir dans une chaise de on bureau, prend la feuille de papier et la déplie.)*

Wangnignon : *(après avoir promené son regard sur presque toutes les lignes du papier.)* Non ! Oh mon Dieu ! *(il laisse tomber sa tête sur la table, reste tranquille*

quelques instants avant de ce redresser vivement avec un ''Non'' qui semble émaner d'u grand haut parleur, accompagné d'un coup de poing sur la table) Non, 'exactement encore le papier) ce n'est pas vrai ! Je n'ai pas de ma vie prévu aller me présenter devant une cour de justice, et quelle justice encore. La justice assassinée d'aujourd'hui. Non ! Je ne peux pas. Je ne dois pas ! Non ! *(un long silence lourd)* Non ! Mieux vaut mourir que d'accepter cette vilaine et méchante humiliation. Non ! Je ne dois pas me présenter devant une cour de justice assassinée ; la justice transformée en injustice. Non, je ne peux jamais m'en sortir victorieux. On ne peut convaincre la cour d'injustice avec la vérité. *(Il ne parle plus. Il pense longuement et se lève vivement, entre dans sa chambre d'où il ressort toujours avec fureur. Il tire le petit tiroir de son bureau et en sort un poignard. Il pose ce dernier, au bord, sur la table de manière à pointer sa lame vers le haut. En gardant la manche du poignard, il lève la tête pour enfoncer violemment sa gorge quand Virginie fait interruption.)*

Virginie : *(remarquant ce que veut faire son ami.)* gnon ! *(il se retourne et la remarque)* oh, mon cœur ! *(avec une grande imploration dans le ton.)* Ne me fais pas ça ! Je t'en prie ; lâche cette arme

Wangnignon : non ! *(avec un ton de supplication)* Virginie, ma tendre bien aimée ; laisse-moi mourir. Il faut que je quitte cette vie. Je t'en supplie, laisse-moi partir, car il le faut !

Virginie : Non ! *(En se rapprochant un peu plus de lui.)* lâche ton arme ! Si non tue-moi avant de te tuer ! *(Wangnignon commence à trembler et finit par tomber à la renverse évanoui. Virginie se baisse sur lui, lui retire tranquillement l'arme et, avec son savoir faire en réanimation uni à sa tendresse, le réanime et).*

Virginie : gnon ! Maintenant vient avec moi ! *(Virginie le tenant solidement ; Wangnignon se relève et ils s'amènent dans le salon et s'asseyent corps contre corps.*

Virginie : *(tenant toujours son ami serré contre elle.)* Maintenant, dis-moi ce qui t'a amené à vouloir poser cet acte odieux ? Est-ce mon état qui te chagrine ainsi ?

Wangnignon : non ! Ce n'est pas ça

Virginie : C'est quoi alors ? *(silence)*

Wangnignon :*(lentement comme une tortue fatiguée.)* Virginie ! Ma tendre Virginie, présentement, il faut que je meure. Laisse-moi mourir maintenant !

Virginie : Mais pourquoi ? Pourquoi mourir, alors que nous avons encore beaucoup à faire ? Ne veux-tu plus laisser de trace comme tu le disais toujours ? *(elle pleur déjà)*

Wangnignon : Virginie, tu sais, hier seulement, dans la nuit, Florine était venue, accompagnée de ses parents, pour m'annoncer qu'elle porte un enfant de moi.

Virginie: *(vivement, en s'écartant de lui)* ce n'est pas vrai : Gnon ; tu as osé me faire ça ? *(Elle se calme.)* Non ! C'est bien faut.

Wangnignon : Effectivement, ce n'est pas vrai. Il est vrai que j'ai eu à avoir des rapports sexuels avec elle au cours de notre amourette créée par artifice. Mais a près la rupture de cette amourette, je n'ai même plus tenté de discuter une seconde avec elle avant qu'on ne parle de rapport sexuel. Et cette rupture date déjà d'un peu plus de deux mois alors qu'on vient me présenter une grossesse de trente huit jours. Mais en fait, le drame n'est pas encore là ; ce n'est pas le fait qu'on me présente une grossesse dont je ne suis pas responsable qui me tourmente. Mais plutôt le fait que je dois me présenter à la police et finalement devant une cour de justice ; et quelle justice encore ? La justice assassinée d'aujourd'hui. Comment pourrai-je m'en sortir ? Vraiment ; je ne veux pas mener ma vie ainsi ; il faut que je finisse vite pour ne pas subir cette humiliation.

Virginie : Je te comprends très bien ! *(en se raccrochant de lui)*. Mais ce n'est pas pour cela que tu vas me laisser seule dans la vie. Je ne veux pas comprendre par là que je n'ai plus d'importance pour toi, mais je veux que mesures quand même un peu le malheur et la misère dans lesquels tu me laisserais si tu mourrais. Et notre enfant ?

Wangnignon : vraiment ; tout ce que tu dis est vrai, mais je ne peux pas ne pas mourir. Et aussi, si la cour juge que je suis effectivement l'auteur de cette grossesse, que vais-je devenir ?

Virginie : Il faut prendre courage et se confier à Dieu. Dieu ne va pas nous punir jusqu'à ce point. Dieu fera que tu en sortes victorieux. Et aussi, entant que bon fils de Dieu, il y a des actes qu'on ne doit pas poser, dont le suicide, car Dieu dit qu'il n'ouvrir pas la porte à celui qui s'est moqué de la vie et l'a quittée à volonté. *(Un silence)* gnon ! je t'en supplie, fais moi plaisir ; renvoie cette idée de suicide au diable ! si on t'a envoyé une convocation, je te supplie encore, va te présenter.

Wangnignon : j'ai tout compris.

Virginie : Je te fais confiance comme je l'ai toujours fait. Si tu veux, je pourrai t'accompagner. Surtout, ne craints pas d'être humilié ou condamné.

Wangnignon : Fais-moi confiance ! Je ferai comme tu veux.

Virginie : Bien ! Je ne vais plus tarder ; je vais rentrer. Je reviendrai te voir demain avant que tu ne partes. J'ai confiance en toi !?

Wangnignon : Ne crains rien ! *(Virginie se lève et Wangnignon en fait autant. Ils s'entraînent la main dans la main vers la sortir. Plus tard, Wangnignon revient et entre directement dans sa chambre.)*

ACTE X

Scène I : *(un géant homme est assis à une table devant laquelle se trouve une chaise libre. Wangnignon fait son entrée)*

Le juge d'instruction : Asseyez-vous monsieur ! *(Wangnignon s'installe dans la chaise devant le juge.)* Vous êtes effectivement, M. Wangnignon GBEKPO, l'amant de mademoiselle Florine GBETOHO qui …

Wangnignon : *(vivement)* non, monsieur ! Je ne suis pas l'amant de Florine GBETOHO. Je préférais l'ex-amant de Florine GBETOHO

Le juge : *(calmement)* Merci pour la rectification. Mais, moi je préfère ''le terme amant de Florine GBETOHO'' car selon la déposition vous êtes l'amant de Florine. Et d'ailleurs, ce n'est pas là le problème. Si vous êtes l'ex-amant, vous pouvez bien sûr être l'auteur de la grossesse qu'elle porte aujourd'hui. Le texte d'accusation dit exactement que vous avez mis mademoiselle GEETOHO en, état de grossesse et vous refusez de reconnaître l'enfant qui s'en sortira. Reconnaissez-vous avoir commis cet acte?

Wangnignon : Non ! Je n'ai pas refusé de reconnaître une grossesse dont je ne suis pas l'auteur, plutôt que j'ai refusé de porter la charge d'autrui. Voilà ma faute.

Le juge : J'ai beaucoup aimé votre caractère d'artiste. Mais ici, il n'est pas question de montrer son talent devant des spectateurs exigeants. L'essentiel, ici est de prouver votre réponse.

Wangnignon : Je pense plutôt que ce serait inutile de chercher à justifier une vérité si vraie, mais qu'on ne veut pas reconnaître.

Le juge : Monsieur GBEKPO ; je pense que vous êtes un peu instruit pour savoir qu'il ne suffit pas de penser que ce que vous dites est vrai pour qu'en justice on vous donne raison. Il vous faut nécessairement prouver vos dits.

Wangnignon : Je vous dis que moi, je crois plutôt que ce serait comme verser de l'eau dans le dos du canard.

Le juge : cher ami, ne retardons pas les faits qui ne doivent pas tarder ! *(Un silence)* pour aider, je reviens sur votre première intervention : vous aviez dit que vous préférez le terme ''l'ex-amant de Florine GBETOHO'' ; je vous demande donc depuis quand vous avez cessé d'être l'amant de Florine ?

Wangnignon : cela fait déjà deux mois

Le juge : cela reste à prouver. Je dois vous conseiller de trouver toutes les preuves que vous avez eu à rompre avec Florine depuis deux mois, car la grossesse dont vous être le présumé auteur date d'aujourd'hui de trente huit jours. Aussi aurez-vous besoin d'une défense bien solide, car je remarque que vous êtes agacé par l'accusation portée contre vous. Vous risquez donc de tergiverser en voulant vous justifier. Vous pouvez disposez pour le moment. Quand j'aurai besoin de vous à nouveau, je vous ferai appel. *(Wangnignon sort, puis le juge d'instruction sort après avoir rangé ses papiers.)*

Le juge : pouvez-vous dire la date exacte ?

Wangnignon : pas avant d'aller chez moi et revenir

Le juge : pourquoi ?

Wangnignon : car je ne me souviens plus de la date exacte. Mais arrivé à la maison, je m'informerai sur cela.

Le juge : suspensions dont cette question en espérant que vous reviendrez demain soir à dix huit heures. Maintenant, je voudrais vous demander si vous êtes rencontrée après la rupture

Wangnignon : Evidemment ! Puisque nous sommes dans la même classe

Le juge : oui, je comprends. De plus tous vos amis les plus intimes soient-ils-nous ont informé que quelques jours après la rupture, il y a eu réconciliation

Wangnignon : vraiment, monsieur, je comprends beaucoup de choses dans cet évènement. Par exemple qu'il n'y a pas d'ami de confiance

Le juge : parce que vos amis en temps utile nous ont dévoilé la vérité ? Je vous comprends car………

Wangnignon : non, monsieur ! Plutôt que je m'étonne que ce soit mes amis les plus intimes qui veuillent mentir sur mon compte. Vraiment monsieur, c'est déplorable. C'est incroyable. Je me demande chaque fois où vas le monde

Le juge : ainsi que moi ! Je me demande toujours qu'aujourd'hui, au lieu de prendre au sérieux vos études vous vous faites de concubins et de concubines et vous vous mettez enceinte même en sixième.

Wangnignon : monsieur le juge ! Très humblement, je voudrais demander à partir. Car j'ai beaucoup d'exercices à traiter pour demains

Le juge : vous pouvez donc disposer de votre temps. Mais n'oubliez pas de venir avec toutes les preuves que vous avez rompues avec Melle GBETOHO, demain à dix huit heures

Wangnignon : Monsieur, je suis bien débordé de ne pas pouvoir, honorer ce rendez-vous. Car j'ai cours demain jusqu'à dix huit heures. A dix neuf heures trente minutes je pourrai être là.

Le juge : là c'est vous qui avez décidé. Alors, vous avez le devoir d'honorer. Vous pouvez partir *(Wangnignon sort et le juge d'instruction range ses papiers et sort aussi)*

Scène II : *(Wangnignon reçoit la visite d'un avocat : Maître YELOGNISSE. Celui-ci s'assoit dans la chaise libre en face de Wangnignon et reste sans rien dire en fixant son vis-à-vis*

Wangnignon : *(étonné par l'intrusion et le comportement de cet homme, il reste interdit quelques instants ; puis)* monsieur ; je ne vous connais pas et je ne comprends pas votre comportement.

Maître YELOGNISSE: Excusez-moi ! J'étais simplement fasciné par votre tempérament gai et confiant. On m'appelle YELOGNISSE. Je suis depuis quinze ans un avocat. Je défends les faibles. Je suis venu vous proposer mes services. J'ai eu à défendre plusieurs accusés qui ont fait triompher leur innocence.

Wangnignon : Monsieur, je sais bien que vous me connaissez déjà. On m'appelle Wangnignon Sèwèdo GBEKPO. Je ne comprends plus rien de la vie. Je n'imaginais jamais que j'aurai à me présenter devant une cour de justice. Et quelle justice encore ? La justice assassiné d'aujourd'hui, où le pauvre à toujours tort.

Maître YELOGNISSE: je comprends très bien votre inquiétude et je peux vous soutenir dans vos idées sur la justice d'aujourd'hui, car le problème de corruption est un problème crucial aujourd'hui. Mais vous pouvez vous rassurez qu'il existe des avocats de défense, qui font toujours triompher la raison de leur client.

Wangnignon : Et vous comptez absolument parmi ceux-là ! Mais vraiment ; je ne me crois pas capable de m'engager à prendre un juge de défense.

Maître YELOGNISSE : je vous comprends ! En jetant un coup d'œil dans votre dossier, j'ai remarqué que vous habitez seul ici, vos parents demeurant encore au village. Mais, pour moi, pour moi, ce n'est pas le contrat qui m'intéresse, plutôt le triomphe de la vérité que j'aime. Donc, je me donne librement le devoir de vous défendre sans le moindre contrat. Acceptez-vous mes services?

Wangnignon : Je n'aurai aucune peine à me confier à vous. Mais je ne voudrais pas vous gêner inutilement. Car je n'arrive toujours pas à croire qu'il peut y avoir une justice vraie pour moi. Car la famille avec laquelle j'ai à faire est une des plus riches du pays.

Maître YELOGNISSE : Mon cher, vous avez une idée trop fixe sur la justice d'aujourd'hui. Vous avez bien raison, mais je vous rassure que vous allez sortir de cette cour tête haute. A moins que vous n'ayez raison.

Wangnignon : Très bien monsieur, comme vous tenez à me rendre ce noble service, je me confie à vous.

Maître YELOGNISSE : Maintenant, il faut trouver toutes les preuves de votre innocence *(pause)* lorsque vous étiez en amitié avec Melle GBETOHO, faisiez-vous des échanges de lettres ?

Wangnignon : Non monsieur ! Mais à notre rupture, elle m'a écrit une lettre dite d'adieu.

Maître YELOGNISSE: Puis-je avoir cette lettre ?

Wangnignon : j'avais faillit la déchirer, mais ma petite amie, Virginie, m'avait conseillé de la garder jalousement comme si elle prévoyait une situation pareille.

Maître YELOGNISSE: Elle est bien sage votre amie ! Où est-ce que je peux trouver cette lettre ?

Wangnignon : Dans un coffret dont seuls Virginie et moi connaissons le secret de son ouverture. Elle sera ici ce soir. Je lui donnerai rendez-vous chez moi de votre part pour ce soir. D'accord ?

Maître YELOGNISSE : Ok ! En dehors de ça, puis-je avoir d'autres preuves ?

Wangnignon : Ah ! J'oubliais ! C'est plutôt deux lettres qu'elle m'avait écrites : une première pour chercher à me ''ramener à la raison'' avait-elle écrit, et une seconde pour ce moquer de moi et me faire son adieu. Mais en dehors de ça, je ne me crois pas possédant autre trace de notre amourette de quelques mois.

Maître YELOGNISSE : *(silencieux pendant quelques instants, en contemplant Wangnignon)* vraiment, vous êtes l'un des hommes les plus confiants que l'on ne rencontre que rarement. Maintenant je vais rentrer. Je pourrai revenir après le rendez-vous avec votre amie. *(Il sort et Wangnignon reste seul dans la cellule quelques instants avant qu'un geôlier ne vienne l'emmener.)*

Le geôlier : Monsieur le juge d'instruction a besoin de vous ! *(Wangnignon se lève et sort suivit du geôlier armé)*

ACTE XI :

Scène Unique : *(La cour se réunit)*

Le président : Accusé, voulez-vous décliner à la cour votre identité ?

Wangnignon : *(A la barre, lève la main droite)* on m'appelle Wangnignon Sèwèdo GBEKPO. Je suis né le premier août 1999 à la clinique ''Vitalité'' de Domilugo. Je suis actuellement élève en classe de Terminale série C au Lycée Amour Divin de Bénifrando

Le président : M. GBEKPO, jurez-vous de dire la vérité, toute la vérité et rien que la vérité ! Levez la main droite et dites ''je le jure''

Wangnignon : *(levant à nouveau sa main droite)* je le jure !

Le président : je prends acte du serment de GBEKPO. Greffier, voulez-vous donner lecture de l'acte de monsieur d'accusation ?

Le greffier : Wangnignon Sèwèdo GBEKPO, élève en classe de Terminale série C au Lycée Amour Divin de Bénifrando, vous vous présentez, aujourd'hui, devant cette cour pour répondre de vos relations avec mademoiselle Florine GBETOHO, qui vous accuse de l'avoir mise en état de grossesse, après trois ans de concubinage et de refuser de reconnaître l'enfant qui en résulterait.

De plus, vous les avez expulsés, elle et ses parents, en les massant d'injures quand ils étaient venus vous présenter la grossesse, fruit de vos relatons, *(silence)*

Le président : voilà, présenté, le texte de l'accusation portée contre vous, monsieur GBEKPO. Qu'est-ce que vous en dites ?

Wangnignon : Que vais-je avoir à dire que vous ne savez pas encore ? Seulement, je me souviens des mots d'un jeune captif de guerre qui disait, au moment où on voulait l'égorger, comme bélier, sur la tombe d'un roi défunt : ''lorsque l'homme n'est pas mort juste après sa naissance, il finit par rencontrer de grands problèmes qui l'obligent à mourir. J'ai le souvenir de cette parole de sagesse que m'avait transmise mon père, qui l'a héritée de son père !

Le président : votre ''parole de sagesse'' est bien belle pour l'auditoire ; mais ; je suis désolé, cela ne profite en rien dans cette justification. Je vous demande si vous

vous reconnaissez à travers les faits ou, plus simplement, si vous vous plaidez coupable ou non coupable.

Wangnignon : *(toujours à l'aise et calme)* que je me plaide coupable ou non coupable, je ne pense pas que cela puisse changer quelque chose dans votre juridiction dont tout le monde connaît le résultat au préalable.

Le président : mais on dirait que vous êtes très bien têtu. Une troisième fois, je vous prie de répondre à la question avec plus de courtoise.

Wangnignon : monsieur le président, messieurs les jurés, vous avez tous entendu mon serment de dire la vérité, toute la vérité et rien que la vérité. Alors, je continue à dire que je doute de la crédibilité de votre juridiction ; c'est ma vérité.

Le président : monsieur GBETOHO, je pense bien que vous avez un avocat de défense qui ne manquera, je l'espère bien pour vous, de faire triompher la vérité, votre innocence, si vous l'êtes bien sûr ! Alors, pour que la juridiction continue son cours normal, répondez à ma question! *(Un silence, Wangnignon hésite toujours. Maître YELOGNISSE se rapproche de lui et colle sa bouche à une oreille de son client)*

Wangnignon : comme cous voulez, je plaide non coupable.

Le président : voilà qui est bien dit. Mais ceci reste à prouver. Maintenant passons à l'interrogatoire de l'accusé !

Le président : M. GBEKPO, avez-vous, oui ou non, connue Melle Florine GBETOHO ?

Wangnignon : oui !

Le président : quel genre de relation vous lie ?

Wangnignon : au début s'était une simple camaraderie ; deux ans après- au début de cette année scolaire-elle réussit à la transformer en ce quoi elle voulait la transformer depuis les années antérieurs.

La partie civile : objection, monsieur le président ! Que l'accusée cesse d'être économie de vérité ! Qu'il appelle les choses par leurs noms !

Le président : objection acceptée ! Monsieur GBEKPO, soyez précis et surtout, concis.

Wangnignon : elle voulait la transformer en une amourette. *(Pause)*. Par quelque force mystérieuse, je fus emprisonné pendant cinq mois. Et je faisais tout ce que je n'aime pas. Mais après les cinq mois, quand je quittai l'emprise de cette force diabolique, nos conversations ne se bornent qu'à quelques salutations bien obligées et pu amicales

La partie civile : avez-vous eu des rapports de chairs ?

Wangnignon : évidemment ! Et c'est l'une des choses que je regrette le plus aujourd'hui.

La partie civile : A quand date votre rupture

Wangnignon : Voilà l'une des questions qu'on ne me posait presque toutes les heures depuis la convocation. Mais si je ne suis pas encore dépourvu de toute vitalité, je peux toujours reprendre ma réponse, qui ne changera jamais. *(Une pause)* je ne sais pas très exactement, mais je peux situer par rapports à une lettre, qu'elle m'avait envoyée juste le lendemain et qui aujourd'hui date si mes souvenirs ont exacts, de plus de deux mois.

La défense : M. le président, la lettre à laquelle mon client fait allusion, figure dans le dossier de l'enquête et date aujourd'hui de soixante-dix-jours.

La partie civile : effectivement, Mr le président, cette lettre figure dans notre dossier. Mais la seul qui n'y figure pas est la lettre réponse de l'accusé.

L'avocat de la défense : Mr le président, mon client affirme n'avoir pas répondu à cette lettre de tentative de réconciliation. Et la dernière lettre de Melle GBETOHO, qui figure aussi dans le dossier, prouve la véracité de cette affirmation.

La partie civile : Mr le président, la lettre base de justification de la défense est un papier qui n'est ni date ni signé. La dite lettre ne peut donc en aucun cas être considérées comme justification de l'affirmation trop gratuite de l'accusé.

L'avocat de la défense : Nul ne peut s'empêcher de voir que c'est bel et bien la main et l'encre qui ont écrit la première lettre, qui ont écrit la seconde. A moins qu'on ne veuille point reconnaître la vérité. Et mon client avait répondu à la première lettre. Vous devez être d'accord avec moi que c'est bien monsieur GBETOHO qui serait en possession de cette réponse.

La partie civile : Mr le président, quelqu'un peut bien imiter l'écriture d'un autre. Et même les ratures qui jalonnent cette lettre et l'encre hésitante de l'auteur prouvent bien à suffisance ce que nous soutenons et que d'ailleurs, Monsieur GBETOHO a affirmé plusieurs fois au cours de l'enquête.

Le président : Maître YELOGNISSE et AKOUEGNONHOU, j'ai pris bonne note de vos préoccupations et je peux vous rassurer qu'on en tiendra compte.

Si l'accusation n'a pas de question à poser à l'accusé, il peut rejoindre sa place.

La partie civile : plus rien pour le moment

Le président : alors Mr GBEKPO, vous pouvez rejoindre votre place. *(Wangnignon se dirige fièrement vers son banc, après s'être incliné brièvement en signe de remerciement.)*

Maintenant, nous allons procéder à l'auditoire des témoins. *(S'adressant au greffier.)* Greffier, veuillez faire venir le premier témoin de l'accusation à la barre !

Le greffier : Mr CHEOU à la barre *(un jeune homme sort et vient à la barre)*

Le président : Mr CHEOU, jurez de dire la vérité, toute la vérité et rien que la vérité.

Mr CHEOU : *(il lève la main droite).* Je jure !

Le président : maître AKOUGNONHOU, le témoin est à votre disposition.

La partie civile : Merci monsieur le président, *(puis à Mr CHEOU)* Mr CHEOU, vous connaissez bien l'accusé !

Mr CHEOU : Wangnignon est l'un de mes meilleur amis au lycée ''Amour divin'' ; aussi suis-je son confident.

La partie civile : Ainsi, vous connaissez tout de ses liaisons !?

Mr CHEOU : Wangnignon me confiait tous ses secrets personnels.

La partie civile : Savez-vous s'il a rompu avec Florine GBETOHO ?

Mr CHEOU : je sais qu'il y a plus de deux mois il y a eu une incompréhension entre eux. Mais huit jours après ils ont repris. Aussi sais-je que Wangnignon, après avoir proposé en vain l'avortement, a décidé de refuser la grossesse que porte son amie Florine.

La partie civile : merci ! Mr le président, j'en ai fini, Mr le président.

Le président : vous pouvez disposer Mr CHEOU. Greffier ; faites venir le deuxième témoin *(Mr CHEOU sort)*

Le greffier : Mme CHEKPE à la barre !

Mme CHEKPE : *(juste à la barre elle lève la main droite.)* je jure de dire la vérité, toute la vérité et rien que la vérité.

Le président : le témoin est à la disposition de l'accusation

La partie civile : Mme CHEKPE, pouvez-vous préciser un peu votre identité à la cour

Mme CHEKPE : *(levant la main droite.)* Mme CHEKPE Ménagère, locataire à la villa GBETOHO

La partie civile : pouvez-vous dire à la cour tout ce que vous savez de l'accusé?

Mme CHEKPE : je reste presque tous les jours à la maison, quand les autres sortent souvent. Donc je vois presque tous les parents et étrangers qui y entrent.

Depuis un moment, je vois Wangnignon accusé venir quand tous les parents et frères de Florine sortent

La partie civile : L'avez-vous vu pendant ces deux derniers mois ?

Mme CHEKPE : il venait toujours, jusqu'à l'avant-veille du jour où je vis Mme et Mr accompagné Florine sortir en pleine soirée.

La partie civile : merci Mme ! J'en ai fini Mr le Président

Le président : la défense a-t-elle de question ?

L'avocat de la défense: non Mr le président!

Le président : passons au suivant. Vous pouvez disposer Mme (elle sort)

Le greffier : Mr NOUGBOGONOHOU à la barre ! *(il entre et se présente à la barre)*

Le président : jurez de dire la vérité, toute la vérité et rien que la vérité. Levez la main droite et dites "je jure !"

Mr NOUGBOGONOHOU : je le jure

Le président : le témoin répond aux questions de l'accusation !

La partie civile : connaissez- vous bien Wangnignon GBEKPO ?

Mr NOUGBOGONOHOU : oui ; Mr !

La partie civile : vous connaissez donc les relations de l'accusé et Mlle GBETOHO !?

Mr NOUGBOGONOHOU : bien sûr, monsieur

La partie civile : savez-vous qu'il a promis refuser l'enfant qui résulterait de la grossesse que porte Mlle GBETOHO, bien qu'il en soit le responsable ?

Mr NOUGBOGONOHOU : non ! ça va ! Laissez-moi dire la vérité que vous voulez tous engloutir. Ce que vous voulez tous étouffer ne peut s'empêcher d'éclater si NOUGBOGONOHOU ouvre sa bouche pour parler. *(Des murmures dans l'auditoire.)*

Le président : silence ! *(le calme revient)* Mr, vous pouvez continuer. Et surtout, n'oubliez pas que vous comparaissez entant que témoin de l'accusation !

Mr NOUGBOGONOHOU : Mr le président, je comprends bien votre préoccupation. Mais, si je dois vous dire la vérité, c'est parce que qu'on m'a obligé à comparaître ainsi. Si non j'ai voulu comparaître en tant que témoin de la défense. Mais, voyant que je ne pourrais pas comparaître si j'étais pour la défense, j'ai du accepter la demande des enquêteurs et mon ami.

Le président : et quelle est donc votre vérité ?

Mr NOUGBOGONOHOU : je suis membre d'un groupe de jeune *(groupe qu'a formé Wangnignon)* comme Mr CHEOU et d'autres. De plus, je suis le confident de Wangnignon et aussi de Jean KPAOU, qui est, en réalité le père de l'enfant que porte Florine GBETOHO. Je connais la date et l'heure et même le lieu de la relation sexuel cause de cette grossesse. Dans notre groupe, nous luttons contre la trahison, la corruption, les infidélités et la faiblesse d'esprit. Donc je ne peux pas trahir comme d'autres, mon cher ami Wangnignon. *(Un silence de mort dans la salle)* si vous doutez de la véracité de ma parole, je demande que Jean comparaisse à cette barre pour vous éclaircir.

La partie civile : nous sommes bien de l'avis du témoin.

L'avocat de la défense : je l'approuve !

<u>Le président</u> : que Mr Jean KPAOU vienne à la barre ! *(un jeune homme sort du public, vient à la barre alors que NOUGBOGONOHOU la quitte)*

<u>Jean</u> : *(levant la main droite)* je suis étudiant en deuxième année de médecine. Je suis effectivement le père de l'enfant que porte Mlle GBETOHO. Et rien ne me gêne à être père de cet enfant et mari de Florine. Mais Florine m'a obligé à me taire pour qu'elle plonge son ex-amant, qu'elle avait possédé par de forces mystérieuses. Si vous doutez de moi, je vous conseille de chercher d'éclaircissement au près de Florine, qui et dans la salle. *(Un homme de la quarantaine sort de la foule.)*

<u>Mr GBETOHO</u> : Mr le président, messieurs les membres de la cour, je demande à comparaître aussi

<u>Le président</u> : comme vous voulez ! Dans la mesure où la cour vous reconnais lié à l'affaire.

<u>Mr GBETOHO</u> : je suis Mr GBETOHO, le père de Florine. Je suis vraiment désolé d'avoir créé de dommages à ce sage et intelligent jeune homme, qu'est Wangnignon GBEKPO. Les choses sont tellement claires que le simples que même le déréglé peut comprendre que la vérité est que Wangnignon est innocent.

Je regrette et je m'engage à dédommager moralement, comme matériellement, le brave jeune homme. *(Il quitte la barre et va vers Wangnignon. Il lui serre la main, l'aide à se lever et l'embrasse fermement. Wangnignon commence à couler des larmes quand il le lâche et sort. Virginie sort de la foule en courant et va le soutenir en l'embrassant. Brice et ses parents viennent aussi soutenir le jeune homme qui était déjà devenu membre de leur famille.*

FIN

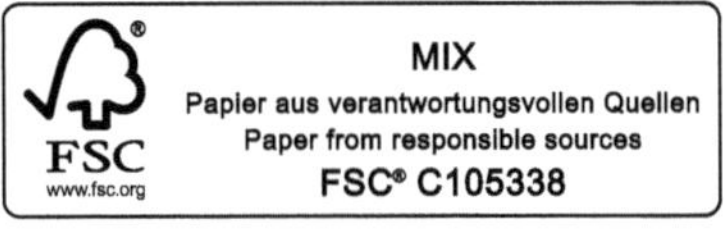

Printed by Books on Demand GmbH, Norderstedt / Germany